BEACH-VOLLEY
Volley

Sandra Gassin • Chris Paggi
Agence Stadium

GAMMA ÉCOLE ACTIVE

Édition originale

60120 Bonneuil-les-Eaux
Dépôt légal : Septembre 2003.
Bibliothèque Nationale.
ISBN : 2-7130-2001-8

Exclusivité au Canada :
Éditions École Active
2244, rue de Rouen, Montréal,
Qué. H2K 1L5
Dépôts légaux : Septembre 2003.
Bibliothèque Nationale du Québec,
Bibliothèque Nationale du Canada.
ISBN : 2-89069-750-3

Loi n° 49-956 du 16 juillet 1949 sur les
publications destinées
à la jeunesse.

Création - Réalisation :
NEVA Éditions
Direction de collection :
Andréa Lémani
Maquette :
Olivier Espinasse
Avec la collaboration de
Nathalie Bossus

Imprimé en Italie

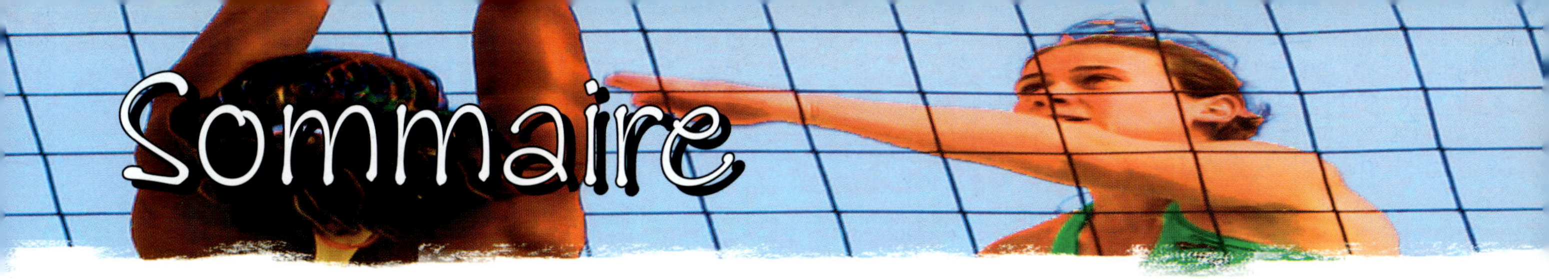

Sommaire

Petit historique

Le volley-ball a été créé en 1895, aux États-Unis, par William G. Morgan, professeur d'éducation physique dans le Massachusetts. Le jeu s'appelait à l'origine « la mintonnette ». Cinq ans plus tard, il s'exporte à l'étranger.

Les Canadiens sont les premiers à découvrir ce nouveau jeu... Très vite, il fait des adeptes dans le monde entier. Des soldats américains l'introduisent en 1917 en Europe. Au fur et à mesure, il devient un sport athlétique.

En 1920, des volleyeurs américains décident d'aller jouer sur la plage. Le beach-volley est né.

La Fédération Internationale de Volley-Ball est créée à Paris, en 1947. Deux ans après, le premier Championnat du Monde masculin est organisé suivi peu après par celui des femmes.

Ce ne sont pas les seules compétitions importantes.

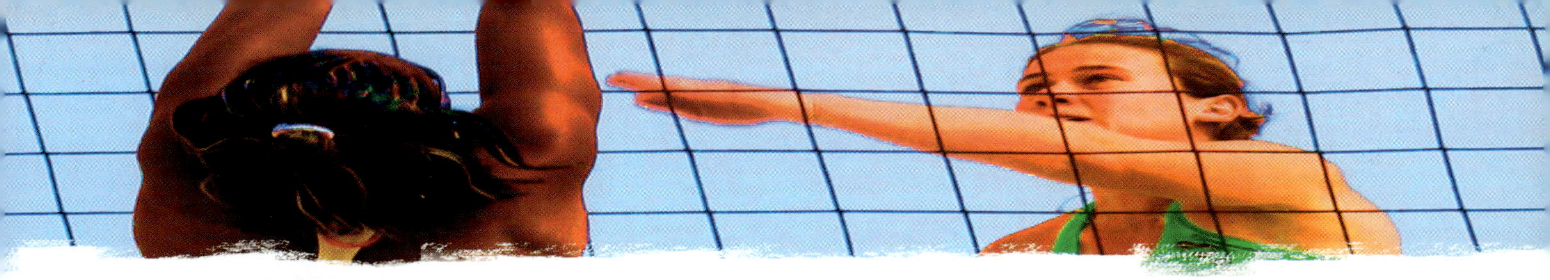

Bien entendu, avant d'être un sport professionnel, le volley demeure un sport de loisir que tu peux pratiquer avec tes amis.

La Coupe du Monde, les Championnats d'Europe, et les Jeux Olympiques, en 1964, permettent aux équipes des différents pays, de s'affronter.
Aucun pays n'a jamais véritablement dominé le volley, même si la Russie a remporté un grand nombre de médailles.
Pour le beach, deux pays se distinguent des autres : les U.S.A et le Brésil.
En 1989, le championnat du monde de beach-volley est créé.
Le début des années 90 marque un tournant pour le beach. Il commence par être présenté en tant que sport d'exhibition aux J.O de Barcelone en 1992 ; et en 1996, à Atlanta, il gagne sa place en temps que véritable sport olympique.

Ton matériel et équipem

Vu le caractère particulier du beach-volley, l'équipement nécessaire est moins strict que dans d'autres disciplines. Cependant, il est préférable de respecter quelques consignes.

L'équipement du terrain varie de celui nécessaire au volley. Certes on retrouve le même filet à la même hauteur. Mais tout le reste change. La taille du terrain est réduite : 8 mètres sur 8 par camp.

Le terrain est recouvert de sable (au moins 40 cm pour les compétitions officielles) donc la surface varie au cours du jeu. Le ballon est un peu moins gonflé et un peu plus lourd que celui utilisé au volley.

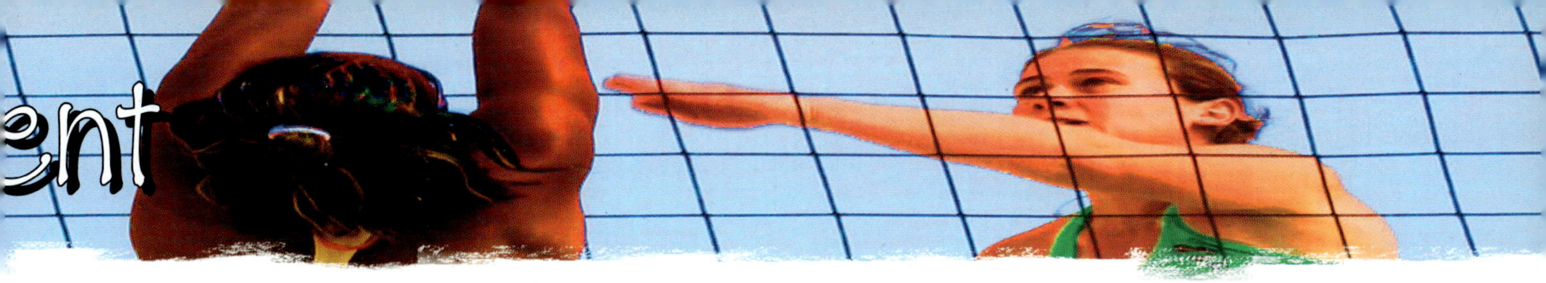

La tenue n'est pas la même. La plupart des joueurs jouent pieds nus, même si baskets et chaussettes sont tolérées sous accord de l'arbitre. Le maillot de bain est obligatoire pour les filles.

Les garçons portent un short dont la taille est bien définie et un débardeur, même si beaucoup de sportifs avouent préférer jouer torse nu. Certains joueurs portent également des genouillères, même si le sable amorti, quand on saute très haut, il vaut mieux avoir une protection supplémentaire. Crème solaire, casquette et lunettes sont également utiles quand le soleil tape trop fort.

Les règles vestimentaires actuelles imposent que les shorts pour hommes s'arrêtent 15 centimètres au-dessus de la rotule.

Ton matériel et équipem

Pour jouer au volley, ce n'est pas compliqué, il suffit de quelques équipements de base…

Le terrain

Il doit être plat et lisse. C'est un rectangle de 18 mètres de long sur 9 mètres de large divisé en deux camps par un filet. Pour les hommes, le filet est tendu à une hauteur de 2,43 mètres et de 2,24 mètres pour les femmes. Les dimensions varient aussi en fonction de l'âge des joueurs.

Par exemple, pour les benjamins et les poussins, le filet est suspendu à 2,10 mètres du sol et le terrain est deux fois plus petit. Le ballon aussi varie, il est plus petit et plus léger.

Les moins de onze ans sont appelés les poussins. Les benjamins ont entre 11 et 13 ans.

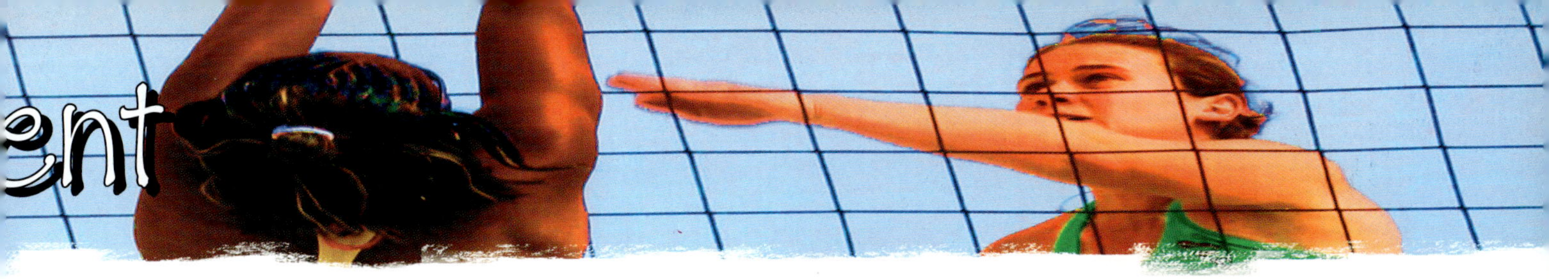

Dans le carré de chaque équipe, une ligne est tracée à trois mètres du filet. C'est la ligne d'attaque qui permet de délimiter la zone avant ou zone d'attaque située juste devant le filet et la zone arrière ou zone de défense située derrière la ligne d'attaque. Au-delà de cette zone arrière, une ligne de fond indique la zone de service.

L'équipement

Pour les compétitions officielles, les joueurs sont obligés de porter un maillot numéroté, un short et une paire de chaussures de sport avec une semelle en caoutchouc ou en cuir.

Découvrir la technique

En règle générale, nous retrouvons dans le beach, les mêmes caractéristiques qu'au volley. Cependant compte tenu du faible nombre de joueurs et de la pratique en extérieur, des spécificités sont à noter.

Le service

Tu n'as le droit de servir qu'une seule fois, en te plaçant à l'extérieur de ton terrain, dans la zone de service. Le but est d'envoyer la balle dans l'autre camp en passant par dessus le filet.

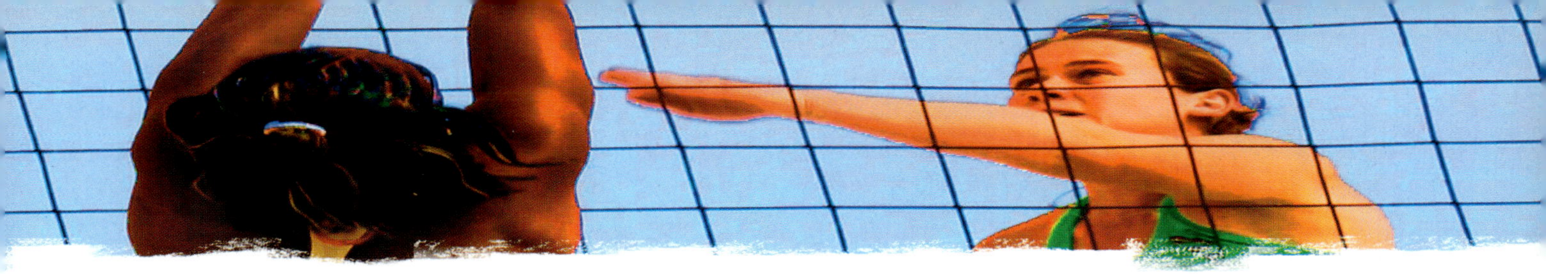

Pour servir, tu lances le ballon en l’air et tu le frappes avec la main.

Bien entendu, il existe plusieurs façons de servir. Selon le service que tu choisis de faire, ton corps et tes bras n’ont pas la même position au moment de frapper le ballon.

Par rapport au volley, tu es tout le temps en mouvement car même si tu viens de réceptionner la balle en te jetant dans le sable, c’est quand même à toi d’attaquer, donc relève toi vite pour pouvoir enchaîner.

Découvrir la technique

Les différents types de services

Le service "cuillère", est le service le plus simple pour apprendre à jouer. Tu tiens le ballon d'une main avec les jambes à moitié pliées. Tes pieds et tes épaules sont tournés vers l'endroit où tu veux envoyer le ballon. En lançant légèrement le ballon droit devant toi, tu le frappes par-dessous avec le poing, le poignet ou le plat de la main avec le bras tendu.

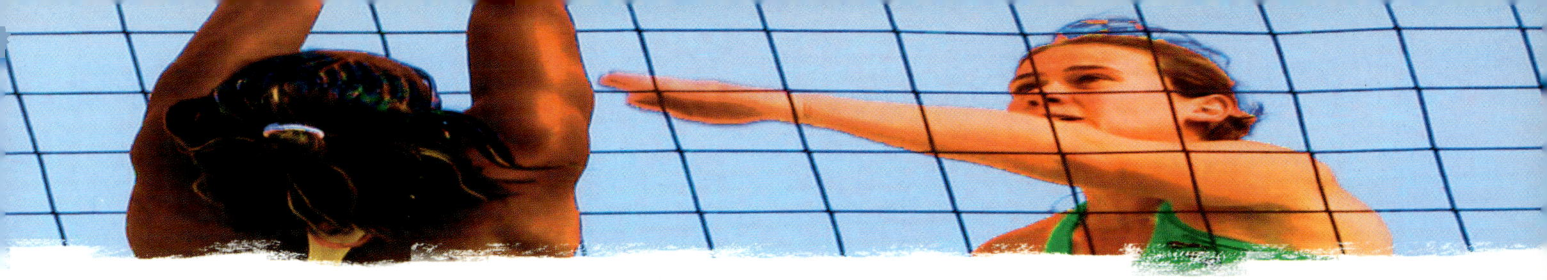

Le service flottant est le plus utilisé parce qu'il permet au ballon d'arriver à une grande vitesse là où tu voulais l'envoyer. Le buste droit, tu mets le poids de ton corps sur ta jambe droite située en arrière. En tenant le ballon dans la main gauche, tu plies ton coude droit au niveau de ton épaule. Tes pieds doivent être tournés dans la direction où tu veux envoyer ton ballon. Tu lances la balle

en l'air du côté droit de ton corps et tu frappes avec le poing, le poignet ou le plat de la main. A ce moment là, le poids de ton corps passe sur ton pied gauche qui se trouve en avant. Ton bras qui frappe le ballon doit être bien tendu et doit s'arrêter dès qu'il a touché le ballon.

Découvrir la technique

Le service en extension, le smatch. Avec une jambe en appui avant, tu tiens le ballon avec une ou deux mains et tu le lances vers le haut et vers l'avant. Puis tu sautes en l'air et tu frappes le ballon de façon à le faire passer le plus près et le plus rapidement possible du filet.

Ce type de service permet souvent de marquer un point du premier

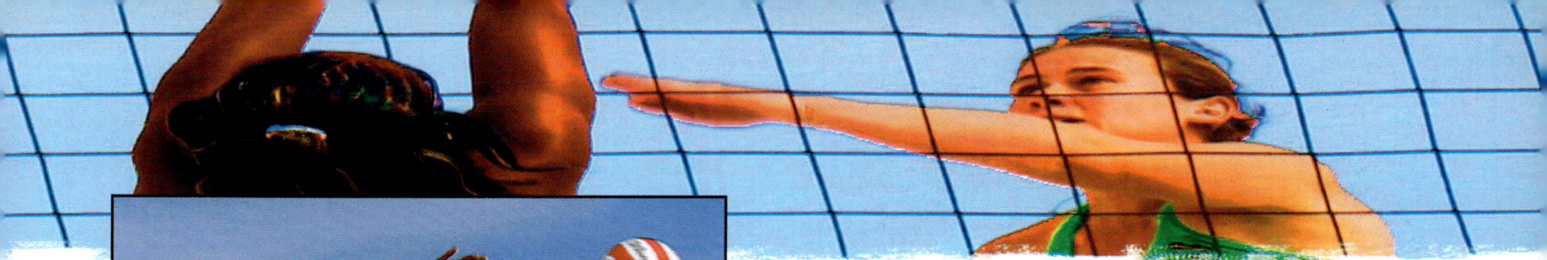

coup. Mais il est plus difficile à maîtriser et demande beaucoup d'entraînement.

Il existe d'autres manières de servir que tu pourras découvrir et apprendre en pratiquant.

Tu te rendras alors compte, par toi-même, des différents effets que tu peux donner à la balle.

Pour les matchs se déroulant en extérieur, tu peux très bien servir en "chandelle" en envoyant la balle très haut et si possible dans l'axe du soleil afin que les joueurs adverses soient aveuglés et ne puissent donc pas voir le ballon.

Découvrir la technique

En attaque

Ce qui est important au beach, c'est de mettre la balle là où l'autre équipe ne pourra pas la rattraper. Tu dois par conséquent bien savoir placer ta balle. Au beach, contrairement au volley, on place plus que l'on frappe.

Dans l'ensemble, les gestes d'attaque et de défense sont similaires à ceux du volley. Cependant, vu que tu es tout le temps en mouvement tu n'as parfois pas le temps d'être bien placé pour attaquer.

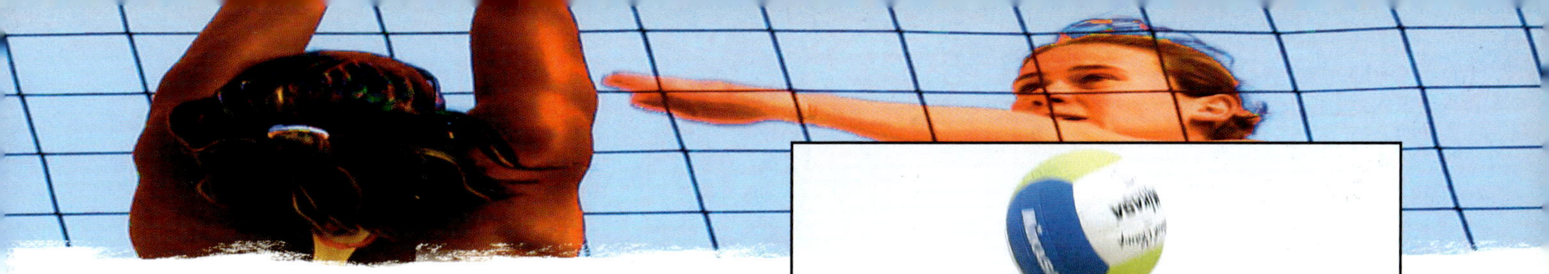

Il existe donc un geste bien précis appelé le "cobra" qui te permet de lober l'adversaire qui est au contre. Au départ, tu plies ton bras comme pour un smatch, mais au lieu de frapper la balle avec la paume, tu plies la main et tape avec les doigts rabattus. Ce geste ressemble beaucoup à celui que fait le cobra lorsqu'il attaque et si tu maîtrises bien la direction du ballon, tu peux gagner le point pratiquement à tous les coups.

Découvrir la technique

En défense

Lorsque l'équipe adverse est au service, il est préférable de se partager la surface en deux (au beach, une équipe est composée de 2 joueurs). Chacun s'occupant d'un côté. Tu dois te placer légèrement plus proche de la ligne de fond que du filet car il est beaucoup plus simple d'avancer et de se jeter dans le sable, pour rattraper la balle, que de reculer.

Lorsque l'équipe adverse est en attaque il y a deux possibilités. Si l'attaquant est en position de smatcher, tu dois aller au contre pour espérer marquer directement le point en faisant retomber la balle dans leur terrain. Dans le cas où l'attaquant n'est pas dans une bonne position pour smatcher, il est préférable que tu reviennes en défense et, comme pour le service, chacun s'occupe de son côté.

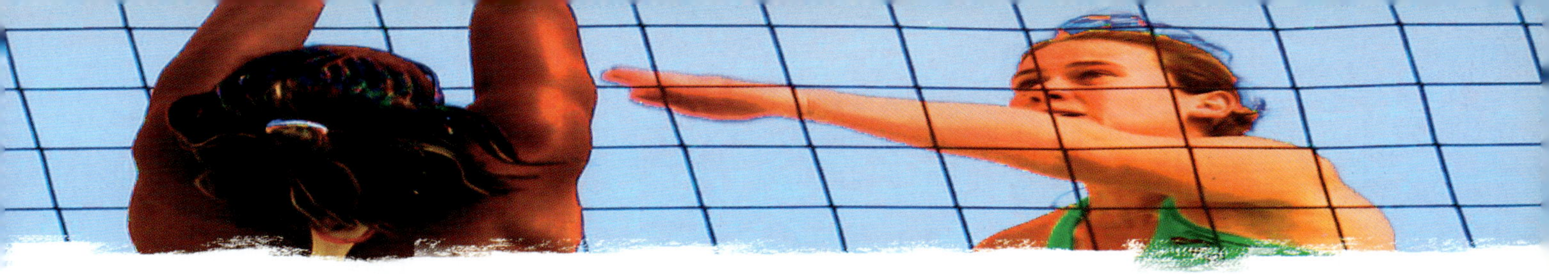

Le contre

Le contre ou le mur est la principale technique qui permet d'arrêter un smatch. Les joueurs placés près du filet font une barrière en levant les bras et sautent pour toucher la balle et la renvoyer dans l'autre camp. Ils peuvent même passer leurs mains et leurs bras par-dessus le filet, mais ne doivent en aucun cas gêner leur adversaire. Si tu fais un contre, tu n'as donc pas le droit de toucher la balle tant qu'elle n'a pas dépassé le filet.

Découvrir la technique

La réception

Les jambes légèrement pliées, les joueurs doivent être prêts à se déplacer le plus vite possible en face du ballon ou sous le ballon pour le réceptionner.

Les épaules en avant et le dos arrondi, c'est avec les deux avants-bras rapprochés au maximum, (grâce aux

mains jointes et aux coudes bloqués) -et non pas avec les poings- que le joueur réceptionne la balle pour l'envoyer devant un autre joueur de son équipe. C'est ce qu'on appelle, la manchette. Sachant que tu n'as pas le droit de tenir le ballon ou de le toucher deux fois, la manchette sert à réceptionner et amortir les balles qui arrivent très vite !

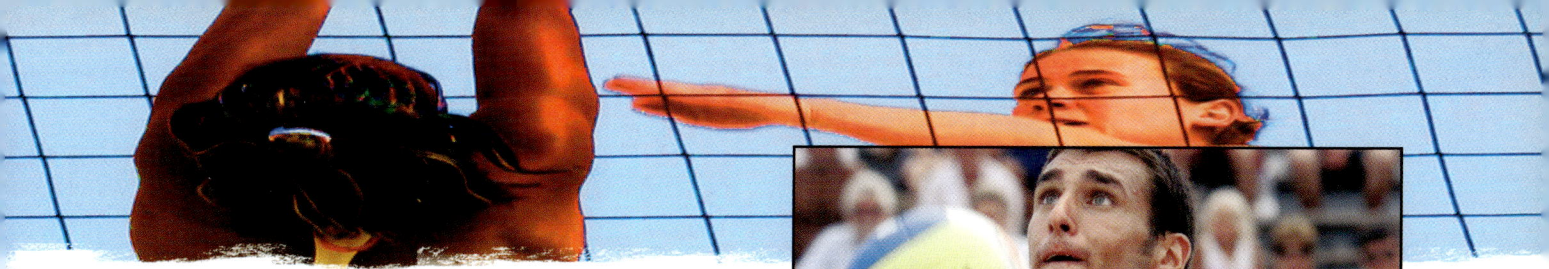

La manchette, permet aussi de prendre une balle assez basse ou qui arrive sur le côté. Le but de ce geste est d'envoyer le ballon en l'air et sur un de tes coéquipiers, si possible le passeur, afin qu'il puisse effectuer une belle passe, bien ajustée, à l'attaquant.

Découvrir la technique

A partir du moment où tu connais le but du jeu et les règles de base, tu dois avec ton équipe mettre en place une tactique de jeu pour remporter le maximum de points. Chaque joueur, en fonction de sa place sur le terrain a un rôle défini.

Il est important de bien regarder où se trouvent les autres joueurs de ton équipe pour pouvoir leur envoyer le ballon dans de bonnes conditions. Pour pouvoir t'adapter aux différentes situations, voilà quelques gestes importants à connaître et à maîtriser :

La passe

La première chose que tu dois savoir faire c'est te déplacer rapidement, pour bien te positionner, juste en dessous de la balle. Tu dois te retrouver avec le ballon juste au-dessus de ton front. Tu dois avoir les jambes écartées et pliées et les bras légèrement fléchis.

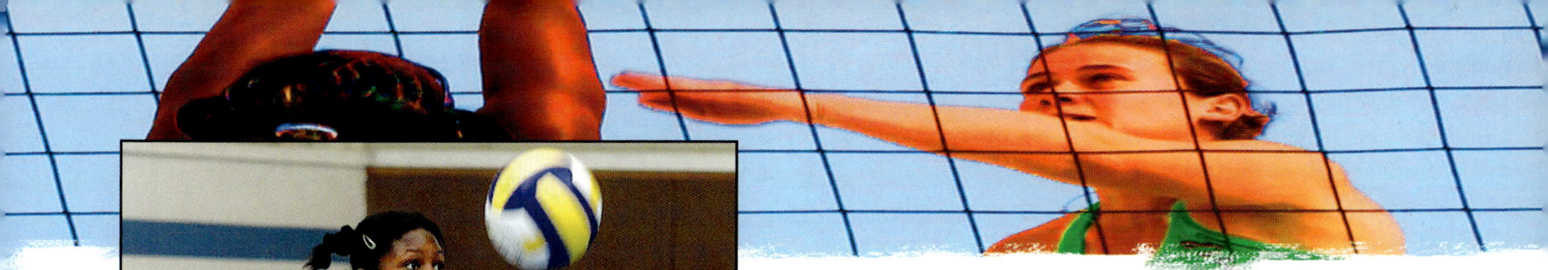

C'est en jouant que tu te rendras compte, que lorsque c'est possible, il vaut mieux faire une passe, qui est plus précise (et plus facile à faire), qu'une manchette ! En plus, elle peut se faire de différentes manières : en avant, en arrière, de côté, en extension, en courant et en sautant.

Lorsque tu touches la balle, tu étends alors tes bras et tes jambes afin de donner une impulsion au ballon. Tes doigts doivent être légèrement pliés mais bien fermes. Si la balle arrive juste entre tes deux mains, alors tu pourras l'envoyer exactement là où tu le désires. Pour qu'un autre joueur de ton équipe réussisse à prendre la balle que tu lui envoies, il faut qu'elle aille juste au-dessus de lui.

Bien connaître les différents gestes te permet d'utiliser celui qui convient le mieux à la situation.

Découvrir la technique

L'attaque

Mis à part le service, à chaque fois que tu envoies le ballon en direction de l'équipe adverse, tu fais ce que l'on appelle une frappe d'attaque ou un smatch : tu fouettes la balle avec le poignet et la main ouverte de façon à ce qu'elle arrive très vite sur l'autre terrain sans que les adversaires puissent la rattraper.

Tous les joueurs de l'équipe ont le droit d'attaquer mais de façon différente selon leur position sur le terrain. Les avants peuvent attaquer à n'importe quelle hauteur, à partir du moment où le ballon est dans leur camp, alors que les joueurs arrières ne peuvent pas dépasser la ligne des trois mètres.

Tu n'as pas le droit également de faire une frappe d'attaque, sur le service de ton adversaire.

IA A
PRISE OMITE D

Entraînement, échauffe

Comme tu as pu le voir jusqu'à présent, tous les gestes décrits sont importants à connaître aussi bien pour toi que pour l'organisation de ton équipe. Tu dois apprendre à réaliser tous les gestes et développer des tactiques avec tes coéquipiers.

Souviens-toi qu'à chaque fois qu'une équipe gagne le droit de servir, tous les joueurs effectuent une rotation. Par conséquent, chaque joueur doit être capable de servir, de faire une réception, de

passer la balle, d'attaquer et de défendre. Bien entendu, certains joueurs maîtrisent plus un geste qu'un autre, mais au volley en salle, pour gagner, c'est le collectif qui compte. Les joueurs doivent être unis pour pouvoir développer des stratégies collectives.

La stratégie est la manière dont les joueurs se placent sur le terrain et se renvoient la balle pour réussir à gagner. Chacun doit donc bien connaître les habitudes et points forts des autres joueurs. C'est à l'entraînement qu'on acquière ces réflexes de jeu collectif.

Entraînement, échauffe

Avant chaque service les joueurs se mettent d'accord sur la tactique à développer : le passeur fait un signe dans le dos à ses coéquipiers pour désigner celui qui fera la passe.

Ecoute bien ton entraîneur, il sait analyser le jeu de chaque joueur et voir les points fort de chacun. Il peut donc mettre au point les enchaînements à développer.

Echauffement

Au volley comme au beach, l'échauffement est primordial. Les muscles de tout ton corps sont très sollicités. Pour cette raison, avant de débuter un entraînement ou un match, tu dois chauffer tes muscles en faisant, par exemple, quelques tours du terrain, puis tu fais des exercices d'assouplissements.

Le respect des règles

Comme tous les sports, le volley et le beach nécessitent un bon état d'esprit. Le but étant de prendre du plaisir à se dépenser, en affrontant les autres équipes et en construisant le jeu avec ses coéquipiers.

Quand tu joues avec des amis, vous pouvez très bien vous mettre d'accord pour modifier les règles afin de rendre le jeu plus intéressant ou plus pratique. Par exemple, selon le nombre d'amis que tu as, tu peux très bien jouer à plus de deux par équipe sur les terrains de beach. Par contre, dès que tu es dans un cadre officiel, tu dois connaître toutes les règles et les respecter. En compétition ce sont les arbitres qui prennent les décisions. Il y a un arbitre de ligne et l'arbitre de chaise. Leur jugement ne peut pas être remis en cause.

L'arbitre qui prend toutes les décisions est installé sur une chaise haute, ce qui lui permet d'avoir une vue d'ensemble du jeu et de vérifier les fautes de filet.

Il n'y a que le capitaine d'équipe qui est autorisé à faire une réclamation auprès de l'arbitre.

Au cours du jeu, tu dois battre l'équipe adverse. C'est toujours plus agréable de gagner ; mais bien sûr, tu rencontreras toujours quelqu'un de plus fort que toi et il faut savoir accepter la défaite et reconnaître la qualité de jeu de l'adversaire.
A la fin du match tous les joueurs et les arbitres se serrent la main.

La plage, le soleil, le sable et les vacances. C'est dans cet esprit qu'est né le "beach". Il ressemble beaucoup au volley-ball, avec pourtant quelques différences.

Les règles

Bien sûr, tu peux jouer "au beach" comme bon te semble.
Ce sport, olympique depuis peu, a des règles bien précises.
Une équipe de "beachers" se compose de deux joueurs. Il existe aussi des tournois de trois contre trois, ou de quatre contre quatre mais il ne s'agit plus de tournois officiels.

Le beach découlant directement du volley-ball, les règles, comme la technique, demeurent sensiblement les mêmes.
Cependant, quelques différences subsistent. Au beach, le match est toujours joué en deux sets gagnants. De plus, les manches se déroulent en 21 points au lieu de 25 pour le volley.

Au cours du jeu, si tu contres la balle au filet, ce geste est compté comme une touche, alors que ce n'est pas le cas au volley. Il ne te reste donc plus que deux touches avant de renvoyer le ballon dans le camp adverse. Lorsqu'on joue au filet, il est toléré de poser un pied dans l'autre camp, à condition que cela ne soit pas dangereux pour l'adversaire.

Afin qu'une équipe ne soit pas avantagée par rapport à l'autre en fonction du vent ou du soleil, on effectue un changement de camp. Il a lieu tous les sept points pour les sets de 21 points et tous les cinq points pour le tie-break qui se joue en 15.

Tu découvres ton sport

Au volley, les notions d'équipe et d'esprit d'équipe sont très importantes. C'est un sport où l'entente entre les joueurs est déterminante pour la victoire.

Une équipe de volley-ball est composée de six joueurs sur le terrain, l'un d'entre eux est le "Capitaine d'équipe". Il est responsable de la conduite et de la discipline des autres joueurs.

Il y a également six remplaçants. En effet, si pendant la partie, l'équipe sur le terrain se retrouve à cinq, elle doit obligatoirement remplacer le joueur absent sinon elle est déclarée perdante.

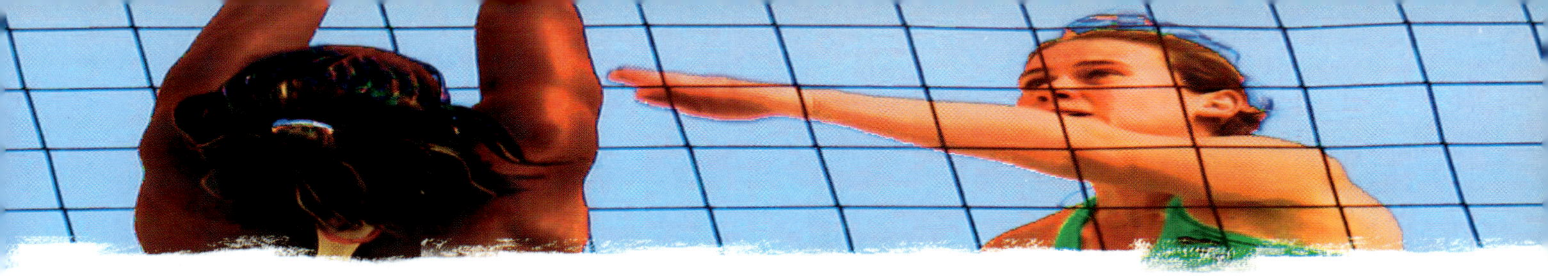

Pour les benjamins, comme le terrain est plus petit, le nombre de joueurs est réduit à quatre. Pour les poussins une équipe est faite de deux joueurs.

Le but du jeu est d'envoyer le ballon par-dessus le filet et de le faire tomber sur le sol du camp adverse ou de faire en sorte que l'adversaire commette une faute. Quand un joueur ne respecte pas les règles du jeu, l'arbitre annonce une faute.

Les lignes du terrain correspondent aux différentes zones permettant aux joueurs de chaque équipe de se positionner. Les postes sont numérotés de 1 à 6 en commençant par celui qui sert en bas à droite. Tous les joueurs servent chacun leur tour. Lorsque l'équipe adverse a le service et que ton équipe marque le point, alors tout le monde effectue une rotation pour qu'une nouvelle personne serve. Les joueurs se déplacent dans le sens des aiguilles d'une montre.

Tu découvres ton sport

Voici quelques exemples de fautes :
Si ton équipe touche plus de trois fois le ballon avant de le renvoyer dans l'autre camp, c'est la faute des "quatre touches".
Si tu t'appuies sur un autre joueur ou sur un objet pour pouvoir toucher le ballon, c'est une faute appelée "touche assistée".
Si tu tiens le ballon au lieu de le frapper, c'est une faute "tenu".
Si tu le touches deux fois de suite, c'est une "double touche".
Quand une équipe fait une faute, c'est l'autre équipe qui gagne le point.
Le jeu commence avec le service. Le ballon est frappé d'une main par le joueur qui est au fond à droite du terrain, pour être envoyé dans l'autre camp. Tant que le ballon n'a pas touché le sol ou qu'un joueur n'a pas commis une faute le jeu continue.

La majorité des compétitions ont lieu en trois sets gagnants, mais certains tournois se déroulent uniquement en deux sets vainqueurs.
Les équipes changent de côté à la fin de chaque set.
Un même joueur ne peut pas toucher le ballon deux fois de suite

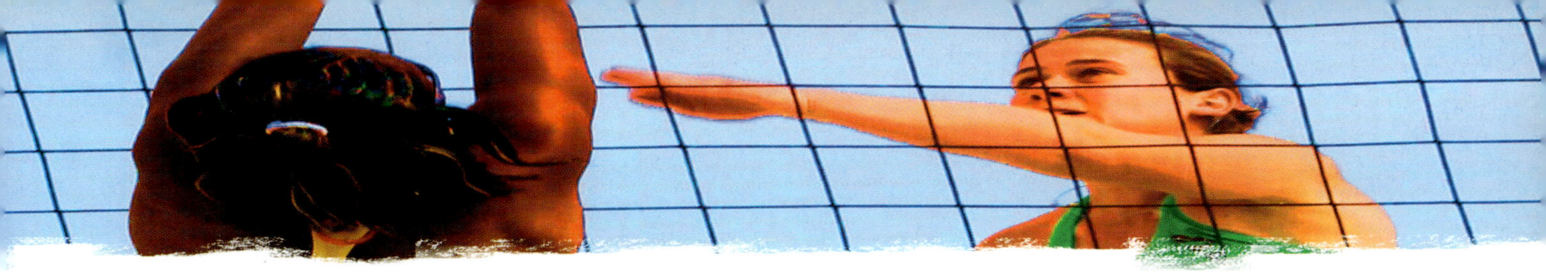

L'équipe qui gagne l'échange, marque alors un point et gagne le droit de servir. Celle qui arrive la première à 25, avec au minimum, deux points de plus que son adversaire, gagne ce qu'on appelle le set.

L'équipe qui gagne 3 sets remporte le match. Mais, en cas d'égalité de sets (2-2), on joue un cinquième set décisif appelé le tie-break. Pour le gagner, il faut alors marquer 15 points avec toujours 2 points d'écart.

Les lieux de pratique

Le beach-volley est pratiqué dans tous les pays et, sur les plages du monde entier, on peut observer des tournois de beach.

Bien entendu, chaque organisme ou club est libre d'organiser des confrontations entre différentes équipes composées de deux, trois ou quatre joueurs. Mais les compétitions officielles n'existent que pour le deux contre deux.

Chaque pays organise donc des championnats nationaux afin de classer les équipes. Les meilleures d'entre elles peuvent alors affronter les joueurs des autres pays.

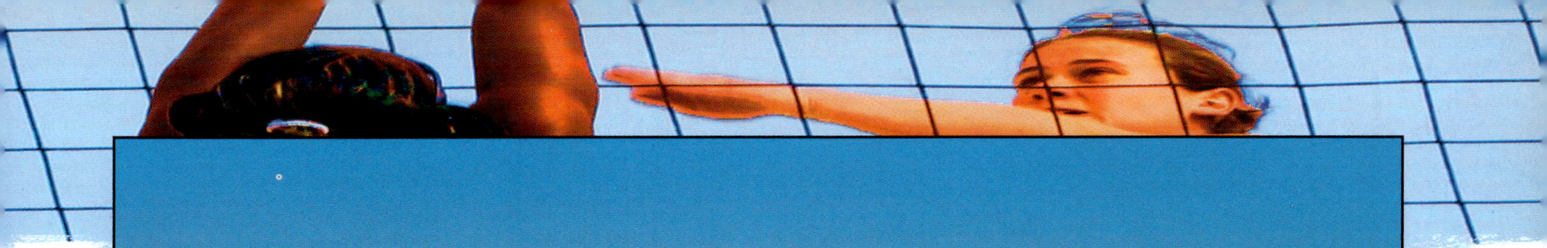

Au début, la pratique du beach en tant que sport de compétition ne concernait que peu de pays, essentiellement le Brésil, l'Italie et le Japon.

Aujourd'hui les meilleurs joueurs effectuent un véritable tour du monde.

Les professionnels, com

Au niveau international, il y a trois grandes compétitions ; le "World Tour", Le Championnat du Monde et les Jeux Olympiques.

Depuis 1976, il existe un championnat du monde où s'affrontent les meilleures équipes nationales. Il a lieu tous les deux ans et se déroule à chaque fois dans un pays et une ville différente.
En 1996, le beach-volley est présent aux compétitions olympiques qui se déroulent tous les quatre ans.

Ces dernières années, ce sont les brésiliens qui dominent le beach mondial aussi bien chez les filles que chez les garçons. Ils ont gagné la majorité des tournois, que ce soit aux J.O., au Championnat du Monde ou au "World Tour".

La compétition regroupe 24 équipes masculines et 24 équipes féminines parmi les meilleurs joueurs.
Le "World Tour" se déroule tous les ans depuis 1989. Le principe est le même qu'au tennis, c'est à dire des compétitions dans différents pays qui permettent d'effectuer un classement des joueurs à partir des points obtenus.

Au beach, c'est deux par équipe et pas de remplaçant donc tu dois tenir tout le match.

Les professionnels, com

Les compétitions

A tous les niveaux du volley, des compétitions ont lieu. Chaque club de volley organise des rencontres avec d'autres équipes et participe à un ou plusieurs championnats régional ou national.

Toutes ces rencontres ont lieu dans le cadre de championnats nationaux.

Il y a plusieurs divisions en fonction du niveau des équipes.

Au cours de ces rencontres, tu peux être repéré par un sélectionneur national qui te proposera alors de jouer dans l'équipe nationale. A ce moment là, tu vas rencontrer les équipes des autres pays.

pétitions et champions

Au niveau international, il y a trois grandes compétitions :

Les rencontres continentales : le Championnat Européen, comme l'"Euro". Le dernier a été organisé en Allemagne en 2003.

La Ligue Mondiale, comme son nom l'indique, regroupe les seize meilleures équipes mondiales. Cette compétition a lieu tous les ans et se déroule en général au mois de juillet.

Et bien sûr, les Jeux Olympiques qui ont lieu tous les quatre ans, les prochains se dérouleront à Athènes en 2004.

Les professionnels, com

Anabelle Prawerman est la volleyeuse française la plus titrée à ce jour. Elle a fait partie de l'équipe de France de volley en salle de 1982 à 1989. Elle s'est mise au beach-volley, pour participer aux J.O de Sydney, où elle a obtenu, avec Cécile Rigaux, la 9e place mondiale.

Pour Anabelle, le beach est inséparable du volley en salle. Elle nous a parlé de sa passion pour les deux : "Certes, il s'agit de deux approches du jeu complètement différentes, mais je n'ai pas de préférence pour l'un ou pour l'autre".

Ce qu'elle aime dans le volley, de manière générale, c'est le contrôle de la balle : "Le volley est l'un des seuls sports où l'attaque se fait en l'air et j'ai vraiment des sensations très fortes en réussissant à contrôler un ballon à 3 mètres du sol".

Pour elle, les deux sports sont vraiment complémentaires : "J'adore le volley pour sa complexité de jeu, il faut tout le temps réfléchir à ce que l'on va inventer avec nos partenaires et, quand ça marche, c'est un véritable plaisir de jouer. Par contre, je m'épanouis tout autant dans le beach car là c'est la performance individuelle et physique qui est importante." Cette analyse du jeu correspond à ce que ressentent la plupart des joueurs :

pour eux le volley est tactiquement plus riche mais le beach est plus individuel et physiquement plus complet. C'est pour cela qu'aujourd'hui la grande majorité des joueurs, tout comme Anabelle Prawerman, pratique aussi bien du beach que du volley.

Glossaire

ARBITRE DE CHAISE ET DE LIGNE : juges chargés de faire respecter les règles de jeux.

COBRA : geste d'attaque qui permet de lober l'adversaire.

CONTRE OU MUR : technique collective qui permet d'arrêter un smatch

DOUBLE TOUCHE : faute commise par un joueur qui touche le ballon deux fois de suite.

FAUTE DES 4 TOUCHES : quand une équipe touche plus de trois fois le ballon avant de le renvoyer dans le camp adverse.

FAUTE TENUE : quand le ballon n'est pas seulement frappé mais tenu par un joueur.

LIGNE D'ATTAQUE : ligne placée à 3 mètres du filet qui délimite la zone d'attaque.

LOBER : envoyer le ballon assez haut pour qu'il passe par-dessus l'adversaire.

MANCHETTE : geste technique pour réceptionner le ballon avec les deux avant-bras.

MINTONNETTE : premier nom du volley.

PASSEUR : joueur chargé de faire circuler le ballon dans une équipe.

PLACER SA BALLE : renvoyer le ballon en le dirigeant.

SERVICE EN CHANDELLE : engager le jeu en envoyant le ballon très haut de façon à tromper l'adversaire (surtout utilisée au beach-volley).

SERVICE CUILLÈRE : geste le plus simple (sans effet particulier) pour faire un service.

SERVICE FLOTTANT : permet d'envoyer le ballon à grande vitesse tout en le contrôlant.

SERVICE EN EXTENSION OU SMATCH : frapper le ballon en l'air de façon à le faire passer le plus près et le plus rapidement possible du filet.

TOUCHE : chaque fois que le ballon est frappé par un joueur de l'équipe.

TOUCHE ASSISTÉE : faute commise par un joueur qui prend appui sur un objet ou un autre joueur pour frapper le ballon.

ZONE D'ATTAQUE : zone située devant le filet est délimitée par la ligne d'attaque.

ZONE DE DÉFENSE : zone située derrière la ligne d'attaque

ZONE DE SERVICE : zone la plus éloignée du filet située derrière la ligne de fond.

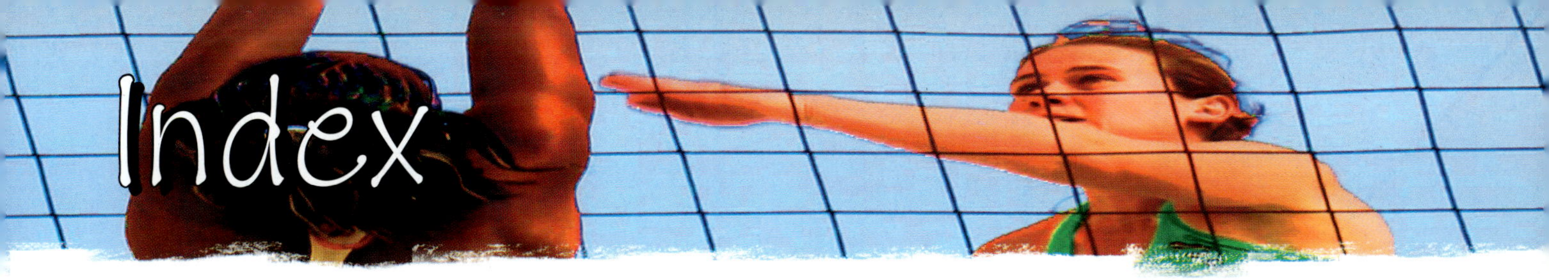

Index

Crédits photographiques :
Toutes les photos sont de l'Agence Stadium